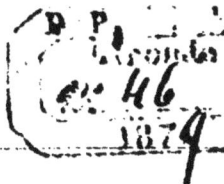

ALBERT DE CLERMONT

RECUEIL

DES

PUBLICATIONS LÉGALES

De l'arrondissement de Bordeaux

Pendant l'année

1878

Faillites, Rétractions, Concordats, Résolutions
de concordats, Répartitions de dividendes, Conseils
judiciaires, Interdictions, etc.

> Rien de facile ne peut réussir
> dans un pays où tout est soumis à
> la publicité.
>
> Mᵐᵉ DE STAEL.

Prix: 1 franc

BORDEAUX

MARCELIN LACOSTE, LIBRAIRE-ÉDITEUR,

Rue Sainte-Catherine, 82 et 84

1879

RECUEIL DES PUBLICATIONS LÉGALES

PREMIÈRE PARTIE

ALBERT DE CLERMONT

RECUEIL

DES

PUBLICATIONS LÉGALES

De l'arrondissement de Bordeaux

Pendant l'année

1878

Faillites, Rétractions, Concordats, Résolutions
de concordats, Répartitions de dividendes, Conseils
judiciaires, Interdictions, etc.

Rien de factice ne peut réussir
dans un pays où tout est soumis à
la publicité.

Mme DE STAEL.

Prix : 1 franc

BORDEAUX

MARCELIN LACOSTE, LIBRAIRE-ÉDITEUR,

Rue Sainte-Catherine, 82 et 84

1879

AVERTISSEMENT

L'importance et l'exactitude des renseignements que enferment les annonces légales ne sauraient être sérieusement contestées par personne. Notre but est donc de rechercher et de grouper chaque année les faillites, Rétractations de jugements, Concordats et conditions sommaires, Répartitions de dividendes, Réhabilitations, Interdictions, Nominations de conseils judiciaires, Avis de non-reconnaissance de dettes par maris et pères, Formations, Prorogations, Modifications et Dissolutions de Sociétés, Autorisations de faire le commerce données aux femmes et mineurs, Mariages, Séparations de biens et de corps, Successions en déshérence, Mises en liquidation judiciaires, Purges d'hypothèques, Ventes et acquisitions de fonds de commerce. Nous commençons, aujourd'hui, par un premier fascicule; si, comme de bons juges nous l'ont fait espérer, un accueil favorable lui est réservé, quatre autres se succéderont rapidement et formeront ensemble un volume dont la lecture sera utile pour beaucoup, indispensable pour quelques-uns, profitable pour tous.

TRIBUNAL DE COMMERCE DE BORDEAUX

Président

M. Maurel (Émile) (O. A.), rue d'Orléans, 5.

Juges

MM.
Duvergier (P.), c. du Chapeau-Rouge, 5.
Sourget (A.) ✳ (O. A.), rue d'Aviau, 36.
Troye (E.), quai Deschamps, 52.
David (G.) ✳, cours de Tournon, 11.

MM.
Labalette (E.), place Dauphine, 11.
Darrieux (A.), allées de Tourny, 51.
Pichard (J.), rue Saint-Siméon, 6.
Vieillard (A.) ✳, quai de Bacalan, 77.

Juges suppléants

MM.
Segrestaa (M.), allées de Chartres, 25.
Buhan (Pascal), cours de Gourgues, 7.
Devès (G.), rue Ernest-Godart, 2.

MM.
Célerier (Albert), q. des Chartrons, 96.
Duclou (G.), rue de Sèze, 5.
Daney (A.), rue de la Rousselle, 36.

Greffe

MM.
Laroze (G.), greffier en chef, rue Arnaud-Miqueu, 16.
Videau, commis-greffier, rue de Saint-Genès, 101.
Dégranges, id., cours d'Alsace-et-Lorraine, 121.

Huissiers Audienciers

MM.
Duplantier, rue Arnaud-Miqueu, 17.
Soni (A.-J.), rue de la Devise, 31.

MM.
Choucherie, r. des Piliers-le-Tutelle, 23.
Pascault, cours du Chapeau-Rouge, 24.

Agréés près le Tribunal

MM.
Lévesque, rue Saint-Siméon, 17.
Dubosq (J.), cours du Chapeau-Rouge, 20.
Garnier (E.), rue du Parlement-Sainte-Catherine, 16.

MM.
Girard, (B.), rue Saint-Remi, 18.
Lapouyade, (Méandre), rue du Parlement-Saint-Pierre, 25.
Duret (A.-F.), rue Esprit-des-Lois, 2.

Capitaines-Experts ordinairement désignés par le Tribunal pour constater les avaries à bord des navires.

MM.
Barkey, cours du Jardin-Public, 126.
Bernard, rue Cotrel, 14.
David père, quai des Chartrons, 33.
Dufourq, rue Notre-Dame, 143.
Gignoux, rue Fauré, 17.
Got, rue du Tondu, 36.

MM.
Jasseau, rue des Trois-Conils, 59.
Jude de Beauséjour, rue du Cerf-Volant, 16.
Lacombe, (P.), quai des Chartrons, 17.
Lesauvage, rue des Lauriers, 3.
Régnier, rue de Lachassaigne, 42.

Arbitres de commerce, nommés par le Tribunal

Syndics de Faillites

MM

Rogerie, cours d'Alsace-et-Lorraine, 91.
Donis, rue du Palais-Gallien, 146.
Dureau (F.-E.), place Saint-Pierre, 11.
Oustalet, rue Ségalier, 7.
Courpon, rue Arnaud-Miqueu, 17.

MM.

Assier de Montferrier, rue Ségalier, 4.
Véron (Alfred), rue Rolland, 8.
Négrié, rue Lafaurie-de-Monbadon, 4.
Cosson, rue Judaïque, 58.

Membres du bureau du Comité des arbitres de commerce.

MM.

Rogerie, président; Négrié, secrétaire; Donis, trésorier.

Arbitres et Experts du commerce.

MM.

Brian (Fd.), rue de Lyon, 15.
Guérard (A.), rue Buhan, 18.
Sarrat (G.), cours d'Alsace-et-Lo-
raine, 8.

MM.

Lefour, arbitre expert en matière de
travaux de maçonnerie, de menuiserie, etc, route de Bayonne, 113.

TRIBUNAL DE COMMERCE DE BORDEAUX

FAILLITES

JUGEMENTS DE DÉCLARATIONS DE FAILLITES

De tous les événements qui peuvent frapper le commerce, il n'en est pas de plus grave, de plus funeste que la faillite.

Bousquet.

JANVIER

Du 5. — Par jugement, le Tribunal a déclaré en état de faillite le sieur Jean-Pierre-Eugène **Finat**, négociant (bouchons), demeurant à Bordeaux, r. Sainte-Colombe, 20. M. Segrestaa, j.-c.; M. Assier de Montferrier, s. p.

Du 4. — **Grimaud**, horloger, rue du Loup, 73. M. Pichard, j.-c.; M. Courpon, s. p.

Du 4. — **Drilhole**, marchand tailleur, r. J.-J.-Rousseau, 26. M. Merman, j.-c.; M. Oustalet, s. p.

Du 4. — **Pagès**, marchand de parapluies, r. Causserouge, 8. M. Vieillard, j.-c.; M. Dureau, s. p.

Du 4. — **Simon**, marchand de chaussures, c. des Fossés, 80. M. Buhan, j.-c.; M. Rogerie, s. p.

Du 10. — **Brieux**, commerçant, rue Capdeville, 23. M. Sourget, j.-c.; M. Véron, s. p.

Du 17. — Salomon **Serfaty**, marchand colporteur, rue Clément, 65. M. Sourget, j.-c.; M. Rogerie, s. p.

Du 21. — L. **Rabain**, gérant du journal *la Province*, rue Arnaud-Miqueu, 31. M. Troye, j.-c.; M. Assier de Montferrier, s. p.

Du 22. — **Mousson**, commerçant, à la Teste. M. David, j.-c.; M. Négrié, s. p.

Du 28. — E. **Bergeot**, marchand drapier, av. Thiers, 9, (le Tribunal statuant d'office). M. Labalette, j.-c.; M. Cosson, s. p.

Du 29. — **Grenier frères**, verriers, rue Beck. M. Pichard, j.-c.; M. Donis, s. p.

Du 29. — **Valin-Debès** et Cⁱᵉ, négociants (vins), rue Saint-Genès, 125. M. Darrieux, j.-c.; M. Rogerie, s. p.

FÉVRIER

Du 4. — Dame Marie **Cantaut**, épouse du sieur Pierre **Barrouilhot**, marchande d'épiceries, à Bègles.
M. Vieillard, j.-c.; M. Dureau, s. p.

Du 5. — **Rouquet** fils et Cie, plâtriers, rue Chevalier, 47.
M. Vieillard, j.-c.; M. Assier de Montferrier, s. p.

Du 5. — A. **Collas**, commerçant (conf^{ns}), quai Bourgogne, 35.
M. Segrestaa, j.-c.; M. Dureau, s. p.

Du 7. — Marie-Jean-Antoine-Eugène **Fédière**, négociant (vins), boulevard de Caudéran, 248, faisant le commerce sous la raison : E. FÉDIÈRE et Cie.
M. Buhan, j.-c.; M. Oustalet, s. p.

Du 7. — E. **Devaux**, négociant (droguerie), rue Judaïque, 30.
M. Devès, j.-c.; M. Oustalet, s. p.

Du 12. — **Dupernoir**, commerçant, rue d'Arès, 138.
M. Daney, j.-c.; M. Véron, s. p.

Du 12. — F. **Cerceau**, et Cie, négociants (chapeaux de paille), rue Saint-Rémi, 31.
M. Sourget, j.-c.; M. Donis, s. p.

Du 12. — **Betbeder**, commerçant, avenue Thiers, 36.
M. David, j.-c.; M. Négrié, s. p.

Du 14. — **Luguet** et Cie, négociants (nouveautés), rue Sainte-Catherine, 2.
M. Troye, j.-c.; M. Négrié, s. p.

Du 14. — P. **Bergeon** et La-treille, négociants (vins), rue Dasvin.
M. Labalette, j.-c.; M. Cosson, s. p.

Du 15. — **Aujouanet** fils, commerçant, r. des Retaillons, 62.
M. Darrieux, j.-c.; M. Dureau, s. p.

Du 15. — **Chanal**, commerçant, quai Louis XVIII, 2.
M. Pichard, j.-c.; M. Oustalet, s. p.

Du 15. — Par jugement, le Tribunal a dit que le jugement du 24 avril dernier, déclaratif de la faillite **Landreau** frères s'applique au sieur Adolphe-Gustave **Landreau**, ayant fait le commerce sous le nom de LANDREAU frères, et a ordonné qu'à l'avenir les opérations de la faillite seraient suivies sous ledit nom.

Du 19. — **Bouchebent**, commerçant, place Ferbos, 11.
M. Segrestaa, j.-c.; M. Courpon, s. p.

Du 19. — Gabriel **Binard**, banquier, rue du Tondu, 183.
M. Devès, j.-c.; M. Donis, s. p.

Du 19. — Par jugement, le Tribunal a dit que le jugement du 20 novembre dernier, déclaratif de la faillite du sieur Gaspard s'applique au sieur **Gaspard Peter**, mécanicien, au Bouscat, et ordonné qu'à l'avenir les opérations de la faillite seraient suivies sous ledit nom.

Du 21. — Bernard **Sarradet**,

m^d boulanger, à Léognan.
M. Buhan, j.-c.; M. Assier de
Montferrier, s. p.

Du 21. — Ch. **Lavielle** et Cie,
négociants (vins), rue Sainte-
Catherine, 221.
M. Devès, j.-c.; M. Véron, s. p.

Du 21. — Joseph **Mitraud** et
Cie, négociants (vins), cours
du XXX-Juillet, 30. (Le Tribunal statuant d'office.)
M. Célerier, j.-c.; M.Véron, s.p.

Du 22. — Emile **Gaborit**, commerçant, c. d'Aquitaine, 90.
M. Duclou, j.-c.; M. Cosson, s.p.

Du 22. — **Mattarant**, commerçant, à Mérignac.
M. Daney, j.-c.; M. Rogerie,
s. p.

Du 25. — Vincent **Nalis**, entrepreneur sacquier, à Bègles.
M. Sourget, j.-c.; M. Courpon,
s. p.

Du 25. — **Carrassus**, restaurateur, rue de l'Etoile, 11.
M. Troye, j.-c.; M. Donis, s. p.

Du 25. — A. **Delluc**, commerçant, rue Condillac, 2.
M. David, j.-c.; M. Dureau, s.p.

Du 25. — Par jugement, le Tribunal a dit que le jugement
du 21 février dernier, déclaratif de la faillite Joseph **Mitraud** et Cie s'applique au
sieur Joseph **Mitraud** et au
sieur Antoine **Gay**, ayant
fait le commerce sous la rai-
son : JOSEPH MITRAUD et Cie,
et a ordonné qu'à l'avenir les
opérations de la faillite seraient suivies sous ladite raison sociale.

Du 26. — **Serre**, débitant à
Bègles.
M. Labalette, j.-c.; M. Oustalet,
s. p.

Du 26. — **Encognère**, négociant, boul. de Caudéran, 200.
M. Darrieux, j.-c.; M. Courpon,
s. p.

Du 28. — **Livertoux** père, m^d
de cheveux, rue Porte-Di-
jeaux, 25.
M. Pichard, j.-c.; M. Assier de
Montferrier, s. p.

Du 28. — **Marcadé**, commer-
merçant (bois et charbons),
rue Saint-Charles, 22.
M.Vieillard, j.-c.; M. Négrié, s.p.

MARS

Du 1er. — Louis **Roumilly**, aubergiste, à Talence.
M. Segrestaa, j.-c.; M. Cosson,
s. p.

Du 1er. — Marie-Ange-Victor
Moreau, négociant à Cenon.
(Le Trib. statuant d'office.)
M. Célerier, j.-c.; M. Dureau,
s. p.

Du 4. — Jean-Louis-Gabriel

Bardy, négociant, rue des
Faussets, 18, ayant un maga-
sin route de Périgueux, 63,
à Angoulême (Charente).
M. Buhan, j.-c.; M. Assier de
Montferrier, s. p.

Du 5. — Léonce **Lapoujade**,
négociant, à Cenon.
M. Devès, j.-c.; M. Cosson, s. p.

Du 5. — **Markley**, directeur

du Théâtre-Français, à Bordeaux, rue Fénelon.

M. Célerier, j.-c.; M. Rogerie, s. p.

Du 7. — C. Caspary et Cⁱᵉ, commerçants (vins), r. Notre-Dame, 22.

M. Duclou, j.-c.; M. Négrié, s. p.

Du 8. — Fédière de Tessan et Cⁱᵉ, négociants (vins), boulevard de Caudéran, 218.

M. Buhan, j.-c.; M. Oustalet, s. p.

Du 9. — Antoine-Augustin Nigon, et François-Adrien Beyou, tous deux fabricants de tuiles, associés, demeurant à Saint-André-de-Cubzac, ayant leur usine à Fargues, canton de Langon.

M. Daney, j.-c.; M. Donis, s. p.

Du 11. — Victor Renaudin du Fondreau, négⁱ (grains et farines), cours des Fossés, 46.

M. Sourget, j.c.; M. Donis, s. p.

Du 11. — Par jugⁱ, le Tribunal a dit que le jugⁱ du 7 mars dernier, déclararatif de la faillite C. Caspary et Cⁱᵉ s'applique à la dame Charlotte Adervan-Assche, vᵛᵉ du sieur Charles Caspary, et au sieur Adolphe Hoffmann et a ordonné qu'à l'avenir les opérations de la faillite seront suivies sous la raison sociale : C. Caspary et Cⁱᵉ.

Du 12. — Joseph Mitraud et Cⁱᵉ, négociants (vins), rue Saint-Sernin, 49. (Le Tribunal statuant d'office.)

M. Célerier, j.-c.; M. Véron, s. p.

Du 12. — Antoine Gay, négⁱ, à Talence. (Le Tribunal statuant d'office.)

M. Célerier, j.-c.; M. Véron, s.p.

Du 12. — Fisson-Monaveaux, commerçant, à Pessac.

M. Troye, j.-c.; M. Dureau, s.p.

Du 12. — Fauché, commerçant, à Arcachon.

M. David, j.-c.; M. Courpon, s. p.

Du 12. — Par jugement, le Tribunal a déclaré en état de faillite les sieurs Mitraud, Gay et Cⁱᵉ, négociants, cours du XXX Juillet, 30; a dit et ordonné que cette faillite serait jointe à celle déjà déclarée par le Tribunal, le 21 février dernier, sous la raison : Joseph Mitraud et Cⁱᵉ, seront surveillées par le même juge-commissaire et le même syndic, déjà nommés, et qu'à l'avenir ses opérations seront suivies sous la dénomination de faillite des sieurs Joseph Mitraud Cⁱᵉ et Mitraud Gay négociants, à Bordeaux.

Du 14. — Venter, meunier, à Saint-Médard-en-Jalles.

M. Labalette, j.-c.; M. Assier de Montferrier, s. p.

Du 15. — Antoine Martini, ferblantier et quincaillier, route d'Espagne, 67.

M. Darrieux, j.-c.; M. Négrié, s. p.

Du 15. — Jean Courty, maître d'hôtel, à Arcachon. (Le Tribunal statuant d'office.)

M. Pichard, j.-c.; M. Véron, s.p.

Du 15. — Dame Dussutour, débitante de vins, rue des Douves, 5.

M. Vieillard, j.-c.; M. Cosson, s. p.

Du 18. — Justin Laplace, mᵈ tailⁱ, c. de l'Intendance, 23.

M. Segrestaa, j.-c.; M. Véron, s. p.

Du 21. — **Vidalon**, commerçant (grains et fourrages), r. des Terres-de-Bordes, 109.
M. Devès, j.-c.; M. Rogerie, s. p.

Du 21. — Dame veuve **Caussat**, commerçante, rue Chevalier prolongée, 30.
M. Célerier, j.-c.; M. Donis, s. p.

Du 21. — Dame C. **Charrié**, née Souchet, marchande d'épiceries, ayant demeuré à Bordeaux, actuellement sans domicile connu.
M. Duclou, j.-c.; M. Dureau, s. p.

Du 22. — Jean-Bernard-Philippe **Chaine**, négociant, ayant demeuré à Bordeaux et fait le commerce sous la raison de Chaine-Bizot.
M. Segrestaa, j.-c.; M. Donis, s. p.

Du 25. — **Breysse-Depras**, commerçant (lingeries), rue Vital-Carles, 18.
M. Daney, j.-c. M. Oustalet, s. p.

Du 25. — **Barthou**, commerçant, à Arcachon.
M. Sourget, j.-c.; M. Courpon, s. p.

Du 26. — A. **Naud**, débitant de vins, à Bordeaux, rue Tombeloly, 34.
M. David, j.-c.; M. Véron, s. p.

Du 26. — **Laporte** aîné, négociant, avenue Thiers, 158.
M. Troye, j.-c.; M. Assier de Montferrier, s. p.

Du 28. — H. de **Périgny** et Cie, négociants, c. Tournon, 13.
M. Labalette, j.-c.; M. Négrié, s. p.

Du 28. — J. **Dorcy** fils, marchd mercier, rue Henri IV, 87.
M. Darrieux, j.-c.; M. Cosson, s. p.

Du 28. — Par jugement, le Tribunal a ordonné que la faillite des sieurs **Nigon** et **Beyou**, déclarée par jugement du 9 mars 1878, formerait deux faillites distinctes et séparées ; l'une sous le nom de d'Antoine-Augustin **Nigon** et l'autre sous le nom de François-Adrien **Beyou**, et que les opérations de ces deux faillites continueraient à être surveillées par M. Daney, juge-commissaire, et administrées par le sieur Donis, syndic.

Du 29. — Dame Marie **Danguin**, épouse du sr André **Jaidier**, marchande de mercerie, rue Teulère, 20.
M. Pichard, j.-c.; M. Rogerie, s. p.

AVRIL

Du 1er. — Jacques **Palu**, marchand de vins, r. Teulère, 11.
M. Vieillard, j.-c.; M. Rogerie, s. p.

Du 2. — Paul **Naves**, commerçant, à Barsac.
M. Segrestaa, j.-c.; M. Donis, s. p.

Du 4. — **Martin**, peintre, rue Sainte-Croix, 68.
M. Buhan, j.-c.; M. Dureau, s. p.

Du 5. — **Montazeaud**, marchd tailleur, rte d'Espagne, 51.
M. Devès, j.-c.; M. Oustalet, s. p.

Du 8. — A. **Thiers**, charretier, à Bègles.
M. Duclou, j.-c.; M. Courpon, s. p.

Du 8. — A. **Massé**, commerçant (vins), à Pessac.
M. Daney, j.-c.; M. Assier de Montferrier, s. p.

Du 8. — Jean-Antoine **Bouchet**, charpentier, à Croignon.
M. Célerier, j.-c.; M. Cosson, s. p.

Du 12. — Justin **Pujols**, commerçant, r. Saint-Bruno, 15.
M. Sourget, j.-c.; M. Véron, s. p.

Du 12. — **Arias** et **Videau**, négociants (charbons anglais), quai de Queyries, 21.
M. Troye, j.-c.; M Négrié, s. p.

Du 16. — **Cambos**, commerçant, rue Monthyon, 6.
M. Darrieux, j.-c.; M. Cosson, s. p.

Du 16. — Antoine-Roch **Chaynes**, imprimeur, rue Leberthon, 7.
M. Labalette, j.-c.; M. Courpon, s. p.

Du 16. — Dame Jeanne **Hourtic**, veuve du sieur Pierre Massieu, fabricante de résines, rue Lafiteau, 20, ayant son usine commune de Captieux (Gironde).
M. David, j.-c.; M. Oustalet, s. p.

Du 25. — **Magnant**, commerçant (ébénisterie), r. Ducau, 9.
M. Pichard, j.-c.; M. Rogerie, s. p.

Du 25. — Léopold **Murier**, commerçant, à Arcachon.
M. Vieillard, j.-c.; M. Donis, s. p.

Du 25. — **Barreyre** aîné père, commerçant (forgeron en voitures), rue Saint-Clair, 43.
M. Segrestaa, j.-c.; M. Dureau, s. p.

Du 26. — Octave **Roze**, négociant, rue de Berry, 13 (1).
M. Buhan, j.-c.; M. Oustalet, s. p.

Du 26. — Martin **Lapeyrie**, tailleur, rue Leyteire, 11.
M. Devès, j.-c.; M. Courpon, s. p.

Du 26. — J. **Chavan**, tailleur, rue de l'Archevêché, 5.
M. Célerier, j.-c.; M. Assier de Montferrier, s. p.

Du 26. — **Dailha**, commerçant, rue Saint-Sernin, 31.
M. Duclou, j.-c.; M. Véron, s. p.

Du 29 — Demoiselle Louise **Stranozki**, marchande de modes, rue de Grassi, 30.
M. Daney, j.-c.; M. Négrié, s. p.

Du 29. — **Masquer**, commerçant, à Cenon.
M Sourget, j.-c.; M. Négrié, s. p.

Du 30. — Jules **Mirac**, marchand tailleur, rue Saint-Rémi, 33.
M. Troye, j.-c.; M. Cosson, s.p.

Du 30. — **Bonzom**, commerçant (mécanicien), rue Lecocq, 80.
M David. j.-c.; M. Rogerie, s. p.

---

(1) NOTA. — M. Guillaume **Roze** père, négociant en vins et spiritueux, rue de Berry, 13, ayant son chai rue de Pessac, 95, ne doit pas être confondu avec son homonyme déclaré en faillite le 26 avril 1878.

MAI

Du 2. — **Pardiac** et **Rives**, négociants (cafés et spiritueux), rue Sainte-Colombe, 37.
M. Labalette, j.-c.; M. Donis, s. p.

Du 2. — **Beau**, commerçant, rue Judaïque, 142.
M. Darrieux, j.-c.; M. Dureau, s. p.

Du 2. — Auguste **Meynard**, marchand boucher, au Carbon-Blanc.
M. Pichard, j.-c.; M. Oustalet, s. p.

Du 5. — **Lassabe**, commerçant, rue de l'Eglise-Saint-Augustin.
M. Segrestaa, j.-c., M. Assier de Montferrier, s. p.

Du 5. — L. **Dumond**, commerçant, avenue Thiers, 26.
M. Vieillard, j.-c.; M. Courpon, s. p.

Du 7. — Auguste **Tissandié**, fabricant de chaussures, demeurant rue d'Ornano, 11, ayant ses magasins cours des Fossés, 149; cours d'Alsace-et-Lorraine, 153; rue Sainte-Catherine, 169, et à Périgueux, rue de Bordeaux, 13.
M. Buhan, j.-c.; M. Donis, s. p.

Du 7. — **Durand** fils aîné, m^d de bois, rue du Rocher, 40.
M. Devès, j.-c.; M. Véron, s. p.

Du 7. — Noël **Gramond**, commerçant, rue Teulère, 18.
M. Célerier, j.-c.; M. Négrié, s. p.

Du 9. — **Dupoy**, banquier, rue Esprit-des-Lois, 33 (1).
M. Duclou, j.-c.; M. Négrié, s.p.

Du 9. — A. **Lagardère**, commerçant (commissionnaire), rue du Casse, 31.
M. Daney, j.-c.; M. Cosson, s.p.

Du 13. — **Petit** frères, négociants, rue Sainte-Croix, 31.
M. Sourget, j.-c.; M. Rogerie, s. p.

Du 14. — Patrice-Alcide **Frade** fils, charron, rue de la Croix-Blanche, 33.
M. Troye, j.-c.; M. Dureau, s.p.

Du 20. — Dame veuve **Boyer**, commerçante (épicerie), rue Montfaucon, 80.
M. David, j.-c.; M. Donis, s. p.

Du 23. — Jean **Pinaglia**, commerçant, rue du Mirail, 51.
M. Labalette, j.-c.; M. Dureau, s. p.

Du 23. — Dame **Jousse**, commerçante, rue Lacornée, 21.
M. Darrieux, j.-c.; M. Oustalet, s. p.

Du 23. — Mathieu **Manès**, commerçant, à Macau.
M. Pichard, j.-c.; M. Courpon, s. p.

Du 23. — B. **Pol**, négociant, rue de la Verrerie, 31.
M. Vieillard, j.-c.; M. Assier de Montferrier, s. p.

---

(1) Nota. — Il appert d'un exploit du ministère de Me Gauban, huissier, en date du 10 mai 1878, que M. Edmond **Dupoy** a interjeté appel du jugement du 9 dudit mois de mai qui prononce sa faillite.

Du 28. — Justin **Moreau**, commerçant, à Sainte-Eulalie-d'Ambarès.

M. Devès, j.-c.; M. Rogerie, s. p.

Du 28. — **Pintre**, commerçant, rue de Lamourous, 1.

M. Buhan, j.-c.; M. Cosson, s. p.

Du 28. — Dame v^ve **Lussaud**, commerçante, place du Parlement, 17.

M. Segrestaa, j.-c.; M. Véron, s. p.

JUIN

Du 3. — **Guignan**, marchand charcutier, à Bordeaux, rue du Pavillon, 22.

M. Célerier, j.-c.; M. Donis, s.p.

Du 4. — Ant. **Bruneton**, commerçant, rue Castillon, 11.

M. Daney, j.-c.; M. Oustalet, s. p.

Du 4. — **Labat**, commerçant, rue Naujac, 123.

M. Duclou, j.-c.; M. Dureau, s. p.

Du 4. — **Barrier**, commerçant, rue de la Verrerie, 10.

M. Sourget, j.-c.; M. Courpon, s. p.

Du 4. — Adolphe **Houeille**, commerçant, rue Saint-Sernin, 41.

M. Troye, j.-c.; M. Assier de Montferrier, s. p.

Du 6. — **Boumier** fils, restaurateur, rue de Guienne, 9.

M. David, j.-c.; M. Véron, s. p.

Du 11. — Jacob-Paul **Lévy**, négociant, rue Henri IV, 29, ayant son magasin rue Montesquieu, 8.

M. Labalette, j.-c.; M. Rogerie, s. p.

Du 11. — D^lle Louise **Deley**, modiste, rue Sainte-Catherine, 43.

M. Darrieux, j.-c.; M. Négrié, s. p.

Du 13. — Théodore **Thuau**, restaurateur, r. du Tondu, 209.

M Vieillard, j.-c.; M. Cosson s. p.

Du 13. — Paul **Iscure**, cafetier, à Arcachon.

M. Segrestaa, j.-c.; M. Rogerie, s. p.

Du 13. — Célestin-Henri **Lestable**, marchand bourrelier, à Bordeaux, rue des Capucins, 4.

M. Buhan, j.-c.; M. Véron, s, p.

Du 17. — **Pairaudeau**, commerçant, rue Vantrasson, 7.

M. Pichard, j. c.; M. Donis, s.p.

Du 17. — **Guerro**, commerçant, à Arcachon.

M. Devès, j.-c.; M. Dureau, s.p.

Du 17. — Jean-Arnaud **Duvignao**, ancien épicier, rue des Bahutiers, 8.

M. Célerier, j.-c.; M. Oustalet, s. p.

Du 20. — d'**Insky**, commerçant, rue des Menuts, 21.

M. Duclou, j.-c.; M. Ouslalet, s. p.

Du 21. — P. E. **Moranno**, com^t (brosses), rue Ravez, 5.

M. Sourget, j.-c.; M. Donis, s.p.

Du 25. — Anne **Boauvais**, épouse du s^r Jean **Béraud**,

débitante, rue Cruchinet, 19.
. Daney, j.-c.; M. Assier de Montferrier, s. p.

u 27. — **Salin frères**, négociants (vins), quai de Paludate, 3.
. Troye, j.-c.; M. Véron, s. p.

u 27. — **Livertoux** père, commerçant, rue Porte-Dijeaux, 45, et le sieur **Livertoux** fils, aussi commerçant, ayant fait le commerce sous la raison LIVERTOUX et fils.
. Pichard, j.-c.; M. Assier de Montferrier, s. p.

Du 27. — A. **Monnier**, peintre, rue Brémontier, 23.
J. David, j.-c.; M. Négrié, s. p.

Du 28. — **Micheau**, commerçant, rue du Manége, 43.
M. Vieillard, j.-c.; M. Dureau, s. p.

Du 28. — **Anjard**, marchand de tapis, rue Saint-Remi, 65.
M. Segrestaa, j.-c.; M. Oustalet, s. p.

Du 28. — C. **Vignaud**, commerçant, r. des Remparts, 65.
M. Labalette, j.-c.; M. Cosson, s. p.

Du 28. — **Conjaud**, commerçant, rue Servandoni, 50.
M. Darrieux, j.-c.; M. Rogerie, s. p.

JUILLET

u 2. — Demoiselle Berthe-Marie-Ombeline-Alexandrine **Gaspar**, marchde de modes, rue Margaux, 12.
M. Buhan, j.-c.; M. Assier de Montferrier, s. p.

Du 2. — Louis **Barbe**, commerçant (rouennerie), cours des Fossés, 39.
M. Devès, j.-c.; M. Courpon, s. p.

Du 2. — Par jugement le Tribunal a ordonné que la faillite des sieurs **Mascaras** frères, déclarée par jugement du 28 décembre 1871 et dont le concordat a été résolu par jugement du 2 juillet 1877, formerait deux faillites distinctes et séparées, l'une sous le nom du sieur Charles **Mascaras** et l'autre sous le nom du sieur Edouard **Mascaras** et que les opérations de ces deux faillites continueraient à être surveillées par M. Segrestaa, jug. com.,

et administrées par le sieur Négrié, syndic.

Du 9. — A. **Bouquié**, négt (vins), cours du Médoc, 93.
M. Duclou, j.-c.; M. Véron, s. p.

Du 9. — **Balan**, marchand de pierres, à Créon.
M. Daney, j.-c.; M. Négrié, s. p.

Du 9. — **Lachaise**, commerçant (aubergiste), rue de la Gare, 83.
M. Sourget, j.-c.; M. Cosson, s. p.

Du 9. — J. **Turrel**, négt, cours Balguerie-Stuttenberg, 22.
M. Troye, j.-c.; M. Rogerie, s. p.

Du 11. — Dame Jeanne-Elisabeth-Emma **Rocher**, épouse du sieur Alphonse **Baldarra**, marchande de gants, rue Sainte-Catherine, 58.
M. Célerier, j.-c.; M. Dureau, s. p.

2

Du 12. — Jacques **Higalens**, marchand libraire, r. Porte-Dijeaux, 59.
M. David, j.-c.; M. Cosson, s. p.

Du 12. — **Dunan**, ferrailleur, cours de Cicé, 40.
M. Labalette, j.-c.; M. Donis, s. p.

Du 15. — **Bouillet** fils aîné, comm^t (tabletier), Galerie Bordelaise.
M. Pichard, j.-c.; M. Dureau, s. p.

Du 16. — **Cazes** et Cie, commerçants, r. des Menuts, 51.
M. Darrieux, j.-c.; M. Oustalet, s. p.

Du 18. — Jean **Vircoulon**, ancien limonadier, r. des Remparts, 68.
M. Vieillard, j.-c.; M. Oustalet, s. p.

Du 18. — Demoiselle **Cazenave**, commerçante, r. Gouvion, 19.
M. Segrestaa, j.-c.; M. Courpon, s. p.

Du 19. — Paulin **Bergeau**, marchand épicier, rue Saint-Remi, 69.
M. Buhan, j.-c.; M. Assier de Montferrier, s. p.

Du 19. — Henri **Arrouch**, nég^t (grains), rue Sainte-Croix, 91.
M. Devès, j.-c.; M. Véron, s. p.

Du 22. — **Biès**, négociant, rue des Ayres, 51.
M. Célerier, j.-c.; M. Négrié, s. p.

Du 23. — **Treveaux**, commerçant, rue Ste-Catherine, 261.
M. Duclou, j.-c.; M. Cosson. s. p.

Du 23. — **Lacouture**, commerçant (boulanger), rue Terre-Nègre, 77.
M Daney, j.-c.; M. Rogerie s. p.

Du 23. — **Mallac** fils, ancien comm^t à Cubzac, actuellement sans domicile connu
M. Sourget, j.-c.; M. Donis s. p.

Du 23. — Émile **Boineau** comm^t, rue Saint-Sernin, 34
M. Troye, j.-c.; M. Dureau, s. p.

Du 23. — **Jacoby**, commerçant, rue de la Pépinière, 44.
M. David, j.-c.; M. Oustalet s. p.

Du 23. — **Maugras**, changeur, rue Esprit-des-Lois, 19.
M. Labalette, j.-c.; M. Assier de Montferrier, s. p.

Du 25. — Moïse-Alfred **Salomon**, marchand tapissier, rue Sainte-Catherine, 240.
M. Pichard, j.-c.; M. Courpon, s. p.

Du 25. — A. **Lafontaine**, commerçant, rue Lafiteau, 13,
M. Darrieux, j.-c.; M. Courpon, s. p.

Du 25. — **Neymark** fils et H. **Freudenberg** et Cie, nég^t (vêtements confectionnés), r. Saint-Remi, 64.
M. Vieillard, j.-c.; M. Courpon, s. p.

Du 26. — Joseph **Guillot**, restaurateur, r. Mouneyra prolongée (terrasse du Livran).
M. Segrestaa, j.-c.; M. Négrié, s. p.

Du 26. — L. **Brun**, fabricant

de chaussures, cours des Fossés, 107.
M. Buhan, j.-c.; M. Véron, s. p.

Du 30. — J. **Cabanes**, comm¹, rue d'Agen, 8.

M. Devès, j.-c.; M. Négrié, s. p.

Du 30. — M. **Depuille**, comm¹, rue du Temps-Passé, 28.
M. Célerier, j.-c.; M. Cosson, s. p.

AOUT

Du 5. — **Rataret** jeune, commerçant à Saint-Loubès.
M. Duclou, j.-c.; M. Rogerie, s. p.

Du 5. — E. **Bor**, pharmacien, c. de Tourny, 52.
M. Daney, j.-c.; M. Donis, s. p.

Du 6. — Emile **Lagrange**, commerçant, rue Fieffé, 76.
M. Sourget, j.-c.; M. Dureau, s. p.

Du 6. — **Gallas**, commerçant, rue Planterose, 41.
M. Troye, j.-c.; M. Assier de Montferrier, s. p.

Du 8. — **Mathieu**, commerçant, rue Mellis.
M. David, j.-c.; M. Véron, s. p.

Du 12. — Abélard **Carrance**, place du Vieux-Marché, 8.
M. Labalette, j.c.; M. Négrié, s. p.

Du 13. — **Borderie** fils, commerçant, allées Damour, 22.
M. Darrieux, j.-c.; M. Cosson, s. p.

Du 13. — A. **Miquau**, commerçant, à Talence.
M. Pichard, j.-c.; M. Rogerie, s. p.

Du 13. — Dame veuve **Estelly**, commerçante, rue Laterrade.
M. Vieillard, j.-c.; M. Donis, s. p.

Du 13. — **Bacarisse** père, négociant, à Arcachon.
M. Segrestaa, j.-c.; M. Dureau, s. p.

Du 16. — Dame **Caspar**, commerçante, rue Sainte-Catherine, 24.
M. Buhan, j.-c.; M. Courpon, s. p.

Du 16. — **Fayet**, commerçant (fab. de jalousies), r. Nicot, 79.
M. Devès, j.-c.; M. Assier de Montferrier, s. p.

Du 16. — Jean **Carrère**, négociant, rue Saint-Benoît, 8.
M. Célerier, j.-c.; M. Véron, s. p.

Du 16. — Dame Marie **Bacquier**, épouse du sieur Jean **Laville**, marchande de confections, rue Sainte-Catherine, 221.
M. Duclou, j.-c.; M. Véron, s. p.

Du 20. — H. **Jamain**, marchand épicier, rue Vital-Carles, 3.
M. Daney, j.-c.; M. Négrié, s. p.

Du 20. — L.-A. **Marie** fils et Cⁱᵉ, négociants (vins), quai des Chartrons, 23.
M. Sourget, j.-c.; M. Cosson, s. p.

Du 20. — **Dumolier**, commerçant, à la Tresne.
M. Troye, j.-c.; M. Rogerie, s. p.

Du 22. — **Dame veuve Paul-Lourde**, m^de de graines, cours Chapeau-Rouge, 26.
M. David, j.-c.; M. Donis, s. p.

Du 23 — **Rocher**, commerçant, route de Bayonne, 82.
M. Labalette, j.-c.; M. Dureau, s. p.

Du 23. — **Dupeyron**, pâtissier, à Arcachon.
M. Darrieux, j.-c.; M Courpon, s. p.

Du 23. — **Duhamel**, négociant (grains), r^te d'Espagne, 181.
M. Pichard, j.-c.; M. Assier de Montferrier, s. p.

Du 23. — **D. Sena**, négociant (papiers), cours du Chapeau-Rouge, 17.
M. Vieillard, j.-c.; M. Véron, s. p.

Du 26 — **Minvielle**, commerçant (aubergiste), quai de la Monnaie, 9.
M. Segrestaa, j.-c.; M. Oustalet, s. p.

Du 26. — **Daix** aîné, commerçant, à St-Médard-en-Jalles.
M. Buhan, j.-c.; M. Négrié, s. p.

Du 29. — **Loutil**, commerçant, cours Champion, 43.
M. Buhan, j.-c.; M. Oustalet, s. p.

Du 30. — **Proust** aîné, commerçant (toiles à voiles), quai des Chartrons, 52.
M. Célerier, j.-c.; M. Cosson, s. p.

Du 30. — **Doubrères**, pharmacien, r. Sainte-Catherine, 57.
M. Devès, j.-c.; M. Oustalet, s. p.

SEPTEMBRE

Du 3. — **Dulau**, commerçant, à Arcachon,
M. Duclou, j.-c.; M. Rogerie, s. p.

Du 3. — Jules **Ferré**, charpentier, rue Lombard, 54.
M. Darrieux. j.-c.; M. Donis, s. p.

Du 5. — **Cassinné**, commerç^t, r. du Parlement-St-Pierre, 7.
M. Sourget, j.-c.; M. Dureau, s. p.

Du 5. — Paul **Rousseau**, boucher, rue Fondaudège.
M. Troye, j.-c.; M. Oustalet, s. p.

Du 6. — **Abraham**, négociant, à Arcachon.
M. David, j.-c.; M. Courpon, s. p.

Du 6. — Dame A. **Roland**, commerçante, rue de Bègles, 185.
M. Labadie, j.-c.; M. Assier de Montferrier, s. p.

Du 6. — **Lambey**, commerçant, route de Toulouse, 144.
M. Darrieux, j.-c.; M. Véron, s. p.

Du 10. — **Baudouin**, commerçant (coiffeur), rue des Boucheries, 5.
M. Pichard, j.-c.; M. Cosson, s. p.

Du 12. — Dame Marie **Serres**, épouse du sieur Bernard **Thomasson**, marchande de toileries, c. des Fossés, 40.
M. Vieillard, j.-c.; M. Assier de Montferrier, s. p.

Du 13. — **Duburgua**, march^d boucher, rue de Bègles, 109.
M. Segrestaa, j. c.; M. Négrié, s. p.

Du 17. — **Trespaillé**, commer^t (menuisier), rue d'Arès, 11.
M. Buhan, j.-c.; M. Rogerie, s. p.

Du 17. — Dame veuve **Gaillard** et fils, m^{ds} de bouchons et liéges, rue Bouffard, 31.
M. Devès, j.-c.; M. Donis, s. p.

Du 17. — J. **Mérou**, commerçant, à Belin.
M. Célerier, j.-c.; M. Dureau, s. p.

Du 17. — **Nierès**, boulanger, rue Saint-Claude, 42.
M. Duclou, j.-c.; M. Oustalet, s. p.

Du 19. — **Pédeboy-David**,

commerçant, à Langoiran.
M. Daney, j.-c.; M. Courpon, s. p.

Du 20. — D. **Luquet**, commerçant (épicier), r. de la Chartreuse, 2.
M. Sourget, j.-c.; M. Assier de Montferrier, s. p.

Du 24. — **Dumeau**, commerçant, rue Pradel, 8.
M. Troye, j.-c.; M. Véron, s. p.

Du 26. — Dame Adèle-Marie **Baril**, épouse du s^r Pierre **Gastal**, m^{de} de volailles, route d'Espagne, 96.
M. David, j.-c.; M. Rogerie, s. p.

Du 27. — **Duboucher**, limonadier, cours de Tourny, 41.
M. Labalette, j.-c.; M. Négrié, s. p.

OCTOBRE

Du 1er. — P^{re}-Aug^{te} **Baillon**, négociant (salaisons), boulevard de Caudéran, 297, ayant un magasin même boulevard, 235.
M. Darrieux, j.-c.; M. Cosson, s. p.

Du 1er — **Dasque**, commerç^t (vins), rue de la Course, 99.
M. Pichard, j.-c.; M. Cosson, s. p.

Du 1er. — **Moran**, commerçant, rue Mazagran, 6.
M. Vieillard, j.-c.; M. Rogerie, s. p.

Du 3. — Célestin **Masmondet**, commerçant, rue Ducau, 57.
M. Buhan, j.-c.; M. Dureau, s. p.

Du 3. — **Rivière**, négociant,

rue Grangeneuve, 25. (Le Tribunal statuant d'office.)
M. Segrestaa, j.-c.; M. Donis, s. p.

Du 3. — **Ducasse**, négociant (chapelier), c. St-Jean, 187.
M. Devès, j.-c.; M. Oustalet, s. p.

Du 8. — Félix **Minvielle**, entrepren^r, r. Servandoni, 19.
M. Célerier, j.-c.; M. Courpon, s. p.

Du 8. — L. **Poustis**, négociant, rue de Blanquefort, 31.
M. Duclou, j.-c.; M. Assier de Montferrier, s. p.

Du 8. — **Lambert**, mercier, rue Sainte-Catherine, 122.
M. Daney, j.-c.; M. Véron, s. p.

Du 8. — **Croizat**, marchand de vins, rue Saumenude, 22
M. Devès, j.-c.; M. Oustalet, s. p.

Du 10. — Léonce **Tallon**, négociant, r. de l'Eglise-Saint-Seurin.
M. Sourget, j.-c.; M. Négrié, s. p.

Du 11. — **Chaudru**, entrepreneur, rue Cousse, 27.
M. Labalette, j.-c.; M. Négrié, s. p.

Du 13. — Alexandre **Vigneau**, débitant de vins, rue Judaïque prolongée, 201.
M. Troye, j.-c.; M. Cosson, s. p.

Du 15. — **Chamfreau**, commerçant, c. Balguerie-Stuttenberg, 138.
M. Darrieux, j.-c.; M. Rogerie, s. p.

Du 15. — Eugène **Bizet**, négociant (vins), r. Huguerie, 24,
M. Pichard, j.-c.; M. Donis.s.p.

Du 15. — Mardochée **Barth**, marchand, r. Cruchinet, 24.
M. Vieillard, j.-c.; M. Dureau, s. p.

Du 17. — Dame **Biot**, commerçante, rue du Tondu, 99.
M. Segrestaa, j.-c.; M. Courpon, s. p.

Du 17. — Abraham **Heymann** commerçt, r. du Pavillon, 27.
M. Buhan, j.-c.; M. Assier de Montferrier, s. p.

Du 22. — Th. **Nègre Dauguet** et Cie, négts, à Lormont.
M. Devès, j.-c.; M. Négrié, s p.

Du 22. — H. **Gaissard**, fondeur en métaux, rue Boulan, 25.
M. Célerier, j.-c.; M. Véron,s.p.

Du 24. — **Rives**, commerçant (charron-forgeron), r. Francin, 102.
M. Duclou, j.-c.; M. Cosson, s. p.

Du 25. — A. **Christenssan**, commerçant, c. du Jardin-Public, 46.
M. Daney, j.-c.; M. Rogerie, s. p.

Du 31. — **Veyssière**, marchand-tailleur, rue de Pessac, 123.
M. Sourget, j.-c.; M. Donis,s.p.

NOVEMBRE

Du 4. — Jean **Delorme**, marchand mercier, à Bordeaux, cours de Cicé, 19.
M. Troye, j.-c.; M. Véron. s. p.

Du 5. — Victor **Léglise**, fabricant de couleurs, à Talence. (Le Trib. statuant d'office.)
M. David, j.-c.; M. Dureau, s.p.

Du 7. — Antoine **Rougette**, coiffeur, allées Damour, 15.
M. Labalette, j.-c.; M. Dureau, s. p.

Du 11. — **Lepio**, commerçant, cité des Noyers.
M. Darrieux, j.-c.; M. Oustalet, s. p.

Du 12. — Amédée-Ernest-Anselme **Michel-Ange**, marchand de rubans, cours de l'Intendance, 34.
M. Pichard, j.-c.; M. Oustalet, s.p.

Du 12. — Emile **Dauguet**, négociant, r. Judaïque, 11. (Le

Tribunal statuant d'office.)
M. Devès, j.-c.; M. Négrié, s. p.

Du 12. — Théophile **Nègre**, négociant, à Lormont. (Le Tribunal statuant d'office.)
M. Devès, j.-c.; M. Négrié, s. p.

Du 19. — **Smollok**, ancien m^d épicier, rue Desbieys, 4.
M. Pichard, j.-c.; M. Courpon, s. p.

Du 21. — Auguste-Etienne **Laporte**, marchand de parapluies, rue de la Maison-Daurade, 9, ayant son magasin rue Sainte-Catherine, 1.
M. Devès, j.-c.; M. Courpon, s.p.

Du 21. — **Dejeanty**, commerçant, à Caudéran.
M. Vieillard, j.-c.; M. Assier de Montferrier, s. p.

Du 21. — Léon **Saladin**, négociant, rue Porte-Dijeaux, 103.
M. Segrestaa, j.-c.; M. Véron, s. p.

Du 21. — **Renaud**, marchand carrossier, rue Paulin, 88, ayant ses ateliers cours de Tournon, 3.
M. Buhan, j.-c.; M. Négrié, s.p.

Du 22. — Benoît de **Bachoué**, nég^t, sans domicile connu, et le s^r Victor **Domecq**, aussi nég^t, route de Bayonne, 258, ayant fait le commerce sous la raison BENOIT et DOMECQ
M. Célerier, j.-c.; M. Cosson, s. p.

Du 22. — E. **Laffon**, commerçant, r. Sainte-Catherine, 56.
M. Duclou, j.-c.; M. Donis, s. p.

Du 22. — **Roussillon** fils, peintre, à Saint-Loubès.
M. Daney, j.-c.; M. Rogerie, s. p.

Du 22. — **Lassus**, commerç^t, rue du Maucaillou, 14.
M. Sourget, j.-c.; M. Dureau, s. p.

Du 25. — J. **Malan** et Cie, négociants (vins), rue Mouneyra, 16.
M. Troye, j.-c.; M. Oustalet, s. p.

Du 26. — Jean **Galy**, m^d de bijouterie, rue Sainte-Catherine, 195.
M. David, j.-c.; M. Assier de Montferrier, s. p.

Du 28. — Dame Ernestine **Revel**, épouse du sieur Pierre **Lavau**, marchande de modes, c de l'Intendance, 12.
M. Labalette, j. c.; M. Assier de Montferrier, s. p.

Du 28. — **Bernard**, commerçant, rue Voltaire, 17.
M. Darrieux, j.-c.; M. Courpon, s. p.

Du 29. — **Coste**, négociant, ayant demeuré rue Margaux, 19, et actuellement sans domicile connu.
M. Vieillard, j.-c.; M. Assier de Montferrier, s. p.

DÉCEMBRE

Du 5. — J. **Fortin**, commerç^t, rue Cruchinet, 22.
M. Segrestaa, j.-c.; M. Véron, s. p.

Du 5. — **Bert**, agent d'affaires, directeur de la *Nouvelle Sécurité commerciale*, rue des Facultés, 17.

M. Buhan, j.-c.; M. Négrié, s.p.

Du 6. — **Lorit**, commerçant, rue des Retaillons, 3.
M. Devès j.-c.; M. Cosson, s. p.

Du 13. — **Bourrue** fils, comm¹ (vins), rue Maleret, 132.
M. Célerier, j.-c.; M. Rogerie, s. p.

Du 16. — **Dignan**, marchand tailleur, à Saint-Médard-en-Jalles.
M. Duclou, j.-c.; M. Donis, s.p.

Du 17. — G. **Cambette**, commerçant, rue du Cancera, 12
M. Daney, j.-c.; M. Dureau, s.p.

Du 17. — A. **Lemit** et Cᵢᵉ, négociants, à Caudéran.
M. Sourget, j.-c.; M Oustalet, s. p.

Du 19. — Dame **Passo**, aubergiste, cours Saint-Jean, 188.
M. David, j.-c.; M. Courpon, s. p.

Du 20. — C. **Géraud**, commerçant, rue Saint-Siméon, 22.
M. Troye, j.-c.; M. Assier de Montferrier, s. p.

Du 20. — **Boudey**, boulanger, rue des Ayres, 39.
M. Labalette, j.-c.; M. Courpon, s. p.

Du 20 — G. **Lachaut** de Lanneville, commerçant en tissus, rue Judaïque, 26.
M. Darrieux, j.-c.; M. Véron, s. p.

Du 23. — Charles-Joseph-Henri **Proché**, directeur d'établissement de bains, route de Bayonne, 8 et 14.
M. Pichard, j.-c.; M. Cosson, s. p.

Du 27 — **Somblelle**, commerçant (cafetier), rue de la Gare, 46.
M. Vieillard, j.-c.; M. Négrié, s. p.

Du 27 — Jean-Baptiste **Breuil**, bottier, à Cadillac.
M. Segrestaa, j.-c.; M. Cosson, s. p.

Du 31. — Auguste **Vegua**, mᵈ, rue de la Benauge, 168.
M. Buhan, j.-c.; M. Négrié, s.p.

Du 31 — Demoiselle **Julliard**, commerçante (modes), rue Sainte-Catherine, 64.
M. Devès, j.-c.; M. Rogerie, s. p.

Du 31 — Émile **Darbins**, négᵗ, rue Esprit-des-Lois, 5.
M. Célerier, j.-c.; M. Donis, s. p.

ERRATUM

FAILLITE :

Page 9, au lieu de : E. BERGEOT; lire : Théophile BERGEOT.

RÉTRACTATIONS DE JUGEMENTS

Publiées sur les feuilles légales du 1er Janvier au 31 Décembre 1878.

> On a souvent des erreurs à ré-
> tracter.
>
> F.-Marie Arouet de Voltaire.

Du 10 août 1877. — Par jug*, le Trib. a rétracté dans toutes ses dispositions le jugem* du 26 juin 1877, qui avait déclaré le sieur Adolphe **Magne** fils en état de faillite, et l'a rétabli dans l'administration de ses biens.

Du 18 septembre 1877. — Par jug*, le Trib. a rétracté dans toutes ses dispositions le jug* du 23 août 1877, qui avait déclaré la faillite du sieur **Dumont** jeune, rue Boudet, 25, et l'a déclaré rétabli dans l'administration de ses biens.

Du 14 janvier 1878. — Par jug*, le Trib. a rétracté dans toutes ses dispositions le jugem* du 21 décembre 1877, qui avait déclaré le sieur Pierre **Lafon** j** en état de faillite, et a déclaré en conséquence les ayants droit dudit sieur **Lafon** j** rétablis dans l'administration des biens par lui délaissés.

Du 15 avril 1878. — Par jug*, le Trib. a rétracté dans toutes ses dispositions le jugem* du 28 février 1878, qui avait déclaré le sieur Jean-Bapt** **Marcadé**, m** de charbons, rue Saint-Charles, 22, en état de faillite et l'a déclaré rétabli dans l'administration de ses biens.

Du 6 mai 1878. — Par arrêté, la Cour d'appel de Bordeaux a rétracté dans toutes ses disposit** le jug. du 4 mai 1877, qui avait déclaré le s* **Dupuy** en état de faillite, et l'a rétabli dans l'administration de ses biens.

Du 16 mai 1878. — Par jug*, le Trib. a rétracté dans toutes ses dispositions le jug. du 8 avril 1878, qui avait déclaré en état de faillite le s* Arnaud **Massé**, commerçant (vins), à Pessac, et l'a déclaré rétabli dans l'administration de ses biens.

Du 28 mai 1878. — Par jug*, le Trib. a rétracté dans toutes ses dispositions le jug* du 7 mai 1878, qui avait déclaré le sieur Noël **Gramond**, colporteur, rue Teulère, 22, en état de faillite, et l'a déclaré rétabli dans l'administration de ses biens.

Du 11 juillet 1878. — Par jug*, le Trib. a rétracté dans toutes ses dispositions le jugem* du 13 juin 1878, qui avait déclaré en état de faillite le s* Paul **Lesoure**, cafetier, à Arcachon, et l'a déclaré rétabli dans l'administration de ses biens.

Du 1er août 1878. — Par jug*, le

Trib. a rétracté dans toutes ses dispositions le jugem^t du 23 juillet 1878, qui avait déclaré en état de faillite le s^r **Jacoby**, commerçant, r. de la Pépinière, 44, et l'a déclaré rétabli dans l'administration de ses biens.

Du 12 août 1878. — Par jug^t, le Trib. a rétracté dans toutes ses dispositions le jug^t du 23 juillet 1878, qui avait déclaré le s^r **Mallac** fils, commerçant, à Cubzac, en état de faillite, et l'a déclaré rétabli dans l'administration de ses biens.

Du 20 septembre 1878. — Par jug^t, le Trib. a rétracté dans toutes ses dispositions le jug^t du 5 septembre 1878, qui avait déclaré le s^r Paul **Rousseau**, boucher, r. Fondaudége, en état de faillite et l'a déclaré rétabli dans l'administration de ses biens.

Du 24 septembre 1878. — Par jug^t, le Trib. a rétracté dans toutes ses dispositions le jug^t du 23 juillet 1878, qui avait déclaré le s^r Emile **Boineau** en état de faillite, et l'a déclaré rétabli dans l'administration de ses biens.

Du 1er octobre 1878. — Par jug^t, le Trib. a rétracté dans toutes ses dispositions le jug^t du 17 septembre 1878, qui avait déclaré le sieur **Trespaillé**, commerçant, à Bordeaux, en état de faillite, et l'a déclaré rétabli dans l'administration de ses biens.

Du 8 octobre 1878. — Par jug^t, le Trib. a rétracté dans toutes ses dispositions le jug^t du 1er octobre 1878, qui avait déclaré le s^r **Moran**, commerçant, à Bordeaux, en état de faillite, et l'a déclaré rétabli dans l'administration de ses biens.

Du 11 novembre 1878. — Par jug^t, le Trib. a rétracté dans toutes ses dispositions le jug^t du 8 octobre 1878, qui avait déclaré le s^r **Croizat**, m^d de vins, à Bordeaux, en état de faillite, et l'a déclaré rétabli dans l'administration de ses biens.

CONCORDATS

ET CONDITIONS SOMMAIRES

Publiés sur les feuilles légales du 1er Janvier au 31 Décembre 1878.

> La situation de mort civile, où le failli reste comme une chrysalide, dure trois mois environ jusqu'au concordat.
>
> BALZAC.

Du 8 novembre 1877. — Par jug*, le Trib. a homologué le concordat obtenu le 9 avril 1877 par le sr Jules-Emile-Ulysse **Tabouret**, entrepreneur de peintures, à Bordeaux.
Conditions : 10% payables par le failli, moitié dans trois mois et moitié dans un an.

Du 9 novembre 1877. — Par jug*, le Trib. a homologué le concordat obtenu le 26 oct. 1877 par le sr Henri **Chatelard**, md épicier, à Bordeaux.
Conditions : abandon de l'actif. M. Dureau maintenu syndic.

Du 19 novembre 1877. — Par jug*, le Trib. a homologué le concordat obtenu le 20 sept. 1877 par le sieur Louis **Mureau**, md de lingeries, à Bordeaux.
Conditions : abandon de l'actif. M. Négrié maintenu syndic.

Du 4 décembre 1877. — Par jug*, le Trib. a homologué le concordat obtenu le 9 nov. 1877 par le sieur Jean **Lanusse**, débt de vins, à Bordeaux.
Conditions : 10% payables par le failli, moitié dans un an, moitié dans deux ans.

Du 19 décembre 1877. — Par arrêt, la Cour d'appel de Bordeaux a homologué le con-

cordat obtenu le 26 avril 1877 par le sieur Chéri **Bernard**, marchand de confections, à Bordeaux.
Conditions : 10 % payables savoir : 3 % comptant par le sieur Assier de Montferrier, syndic, et 7 % par le failli, savoir : 3 % dans six mois et 4 % dans quinze mois.

Du 28 décembre 1877. — Par jug*, le Trib. a homologué le concordat obtenu le 4 déc. 1877 par le sr Laurent **Escoudey**, négociant, à Beautiran.
Conditions : 13 1/2 % payables 11 % comptant par le sieur Oustalet, syndic, et 2 1/2 % par le failli. : 1 1/2 % dans six mois et 1 % dans neuf mois.

Du 28 décembre 1877. — Par jug*, le Trib. a homologué le concordat obtenu le 4 déc. 1877 par le sr Pierre **Escoudey**, négociant, à Beautiran.
Conditions : 12 1/2 % payables savoir : 10 % comptant par le sieur Oustalet, syndic, et 2 1/2 % par le failli, savoir : 1 1/2 % dans six mois et 1 % dans neuf mois.

Du 28 décembre 1877. — Par jug*, le Trib. a homologué le con-

cordat obtenu le 7 déc. 1877 par le sr Etienne-Guillaume **Bouilhet**, négociant, à Bordeaux, ayant fait le commerce sous la raison : Th. Bouilhet et Cie.
Conditions : 100 % ss intérêts, payables savoir : 60 % comptant par le sieur Donis, syndic, et 40 % par le failli, moitié dans un an et moitié dans deux ans.

Du 31 décembre 1877.— Par jugt, le Trib. a homologué le concordat obtenu le 2 nov. 1877 par le sr Louis-Ernest-Gaston **Campagnac**, arquebusier, à Bordeaux.
Conditions : 5 % payables par le failli dans trois mois.

Du 31 décembre 1877.— Par jugt, le Trib. a homologué le concordat obtenu par le sieur Charles **Charlet**, marchand de nouveautés, à Bordeaux.
Conditions : 20 % payables par le failli, moitié dans un an et moitié dans deux ans.

Du 12 janvier 1878. — Par jugt, le Trib. a homologué le concordat obtenu le 11 déc. 1877 par le sieur Louis **Carrère**, négociant à Bordeaux.
Conditions : abandon de l'actif. M. Donis, maintenu syndic.

Du 29 janvier 1878. — Par jugt, le Trib. a homologué le concordat obtenu le 28 déc. 1877 par le sieur Justin-Pierre **Bernard**, marchand bimbelotier, à Bordeaux.
Conditions : abandon de l'actif réalisé et créances à recouvrer. M. Véron, maintenu syndic.

Du 31 janvier 1878. — Par jugt. le Trib. a homologué le con-

cordat obtenu le 10 janv. 1878 par le sieur Alphonse **Douat**, fabricant de cols-cravates, à Bordeaux.
Conditions : 30 % payables savoir : 20 % comptant par le sieur Négrié, syndic, et 10 % par le failli dans un an.

Du 4 février 1878. — Par jugt, le Trib. a homologué le concordat obtenu le 10 déc. 1877 par le sr Arnaud **Coycaut**, armateur, à Bordeaux.
Conditions : abandon de l'actif et des droits que le failli amende dans la succession de son père, non liquidée. M. Véron maintenu syndic.

Du 5 février 1878.— Par jugt, le Trib. a homologué le concordat obtenu le 4 janvier 1878 par le sr Ernest **Fonsèque**, marchand, à Bordeaux.
Conditions : abandon de l'actif réalisé. M. Cosson, maintenu syndic, et obligation par le failli de payer 10 %, moitié dans un an, moitié dans deux ans.

Du 8 février 1878. — Par jugt, le Trib. a homologué le concordat obtenu le 11 janv. 1878 par le sr Paul **Couaraze**, cocher, à Bordeaux.
Conditions : 5 % payables comptant par le sr Négrié, syndic.

Du 14 février 1878. — Par jugt, le Trib. a homologué le concordat obtenu le 22 janv. 1878 par le sr Joseph-Elie **Frayssinet**, marchand d'étoffes, à Bordeaux.
Conditions : 6 % payables par le failli, par tiers, dans un an, deux ans et trois ans.

Du 15 février 1878. — Par jugt,

le Trib. a homologué le concordat obtenu le 27 déc. 1877 par le sr Joseph-Jean-Pierre-Léonce de **Chalret** du **Rieu**, négociant, à Bordeaux.

Conditions : 12 % payables savoir : 8 % comptant par le sr Donis, et 4 % par le failli, moitié dans un an et moitié dans deux ans.

Du 18 février 1878. — Par jugt, le Trib. a homologué le concordat obtenu le 31 janv. 1878 par le sr Thomas **Deney**, négociant, à Arcachon.

Conditions : 25 % payables savoir : 15 % comptant par le sr Donis, syndic, et 10 % par le failli, moitié dans deux ans et moitié dans quatre ans.

Du 25 février 1878. — Par jugt, le Trib. a homologué le concordat obtenu le 14 févr. 1878 par le sieur Oscar **Saint-Blancard**, marchand de grains, à Bordeaux.

Conditions : 25 % payables par le failli, dans trois ans.

Du 26 février 1878. — Par jugt, le Trib. a homologué le concordat obtenu le 14 févr. 1878 par le sr Alexandre **Lévy**, md colporteur, à Bordeaux.

Conditions : 45 % payables savoir : 25 % comptant par le sr Oustalet, syndic, et 20 % par le failli, par pacte de 5 % par an.

Du 7 mars 1878. — Par jugt, le Trib. a homologué le concordat obtenu le 7 févr. 1878 par la demoiselle Victoire-Victorine **Bernos** et la dame Elizabeth **Rozie**, veuve du sieur Germain **Pourpe**, mdes de modes, à Bordeaux, ayant fait le commerce sous la raison : Veuve POURPE-BERNOS.

Conditions : 3 % payables par les faillies dans 6 mois.

Du 11 mars 1878. — Par jugt, le Trib. a homologué le concordat obtenu le 11 février 1878 par le sr Fernand **Robinet**, négociant.

Conditions : 100 % sans intérêts, payables par le failli dans quinze jours.

Du 18 mars 1878. — Par jugt, le Trib. a homologué le concordat obtenu le 28 janvier 1878 par le sieur André **Clémenceau**, boulanger, à Ambarès.

Conditions : 10 % : moitié dans 1 an, moitié dans deux ans.

Du 21 mars 1878 — Par jugt, le Trib. a homologué le concordat obtenu le 25 février 1878 par le sieur Joseph-Louis-Gabriel-Anatole **Deyme**, négociant, à Villenave-d'Ornon.

Conditions : 6 % payables par le failli, moitié dans un an et moitié dans deux ans.

Du 26 mars 1878. — Par jugt, le Trib. a homologué le concordat obtenu le 8 mars 1878 par la dame Marie **Leygue**, épse du sr Raymond **Guibaud**, et le sr Henri **Vidal**, tous deux marchands de porcelaines, à Bordeaux, ayant fait le commerce sous la raison : GUIBAUD et VIDAL.

Conditions : 26 % payables savoir : 5 % comptant par le sr Oustalet, syndic; 21 % par les faillis solidairement, moitié dans quinze mois et moitié dans trente mois.

Du 8 avril 1878. — Par jugt, le Trib. a homologué le concordat obtenu le 28 février 1878 par le sieur Adolphe **Silbermann**, marchand de chaussures, à Bordeaux.

Conditions : 20 %, payables savoir : 15 %, comptant par le sieur Assier de Montferrier, syndic, et 5 %, par le failli, moitié dans six mois et moitié dans un an.

Du 9 avril 1878. — Par jug^t, le Trib. a homologué le concordat obtenu le 5 mars 1878 par le sieur Allan **Anderson**, négociant, à Bordeaux.
Conditions : 30 %, payables par le failli par pactes de 5 % chaque année, dans six ans.

Du 25 avril 1878. — Par jug^t, le Trib. a homologué le concordat obtenu le 28 janvier 1878 par le s^r Guillaume **Laumonier**, boulanger, à Bordeaux.
Conditions : 25 %, payables comptant par le s^r Rogerie, syndic.

Du 26 avril 1878. — Par jug^t, le Trib. a homologué le concordat obtenu le 2 avril 1878 par le s^r Arnaud **Dejean**, limonadier, à Bordeaux.
Conditions : 5 %, payables par le failli dans un an.

Du 9 mai 1878. — Par jug^t, le Trib. a homologué le concordat obtenu le 21 mars 1878 par le s^r Alphonse **Metge**, négociant, à Bordeaux ayant fait le commerce sur le nom de : A. METGE et Cie.
Conditions : abandon de l'actif. M. Donis, maintenu syndic.

Du 10 mai 1878. — Par jug^t, le Trib. a homologué le concordat obtenu le 29 mars 1878 par le sieur Armand **Fauché**, m^d mercier, à Bordeaux
Conditions : 25 %, payables savoir : 10 % comptant par le sieur Véron, syndic, et 15 %, par le failli, moitié dans six mois et moitié dans un an.

Du 20 mai 1878. — Par jug^t, le Trib. a homologué le concordat obtenu le 18 avril 1878 par la dame Marie **Delbonnel**, épouse du sieur Pascal **Pouponnot**, marchande de modes, à Bordeaux, ayant fait le commerce sous la raison : PASCAL et DELBONNEL.
Conditions : 25 %, payables savoir : 15 % comptant par le sieur Oustalet, syndic, et 10 % par la faillie, moitié dans quinze mois et moitié dans trente mois.

Du 23 mai 1878. — Par jug^t, le Trib. a homologué le concordat obtenu le 4 avril 1878 par le s^r Edouard **Fol**, fabricant d'eaux gazeuses, à Bordeaux.
Conditions : abandon de l'actif. M. Véron, maintenu syndic.

Du 27 mai 1878. — Par jug^t, le Trib. a homologué le concordat obtenu le 25 avril 1878 par le s^r Georges **Pradère** ferblantier, à Margaux.
Conditions : 15 %, payables par le failli, moitié dans six mois et moitié dans un an, sous le cautionnement solidaire de la demoiselle Marie PRADÈRE, couturière, à Listrac.

Du 6 juin 1878. — Par jug^t, le Trib. a homologué le concordat obtenu le 16 mai 1878 par le s^r Ernest-Noël **Villalard**, fabricant de courroies, à Bordeaux.
Conditions : 26 %, payables par le failli dans six mois.

Du 20 juin 1878. — Par jug^t, le Trib. a homologué le concordat obtenu le 6 mai 1878 par le sieur Léonard **Migou**, entrepreneur de transports, à Bordeaux.
Conditions : 26 %, payables sa-

voir : 16 %, comptant par le sieur Donis, syndic, et 10 %, par le failli, moitié dans un en et moitié dans deux ans.

Du 24 juin 1878. — Par jug^t, le Trib. a homologué le concordat obtenu le 11 juin 1878 par le sieur Alexandre-Gabriel **Poncet-Deville** jeune, négociant, à Bordeaux.
Conditions : abandon de l'actif. M. Négrié, maintenu syndic.

Du 27 juin 1878. — Par jug^t, le Trib. a homologué le concordat obtenu le 6 juin 1878 par la dame Marie-Amélie **Gaussem**, épouse du s^r Gustave **Cazeaux**, marchande de chaussures, à Bordeaux.
Conditions : 100 %, sans intérêts, payables par la faillie dans six mois.

Du 4 juillet 1878. — Par jug^t. le Trib. a homologué le concordat obtenu le 17 juin 1878 par le sieur Antoine **Mazars**, marchand à Bordeaux.
Conditions : 25 % payables par le failli, moitié dans un an et moitié dans deux ans.

Du 5 juillet 1878. — Par jug^t, le Trib. a homologué le concordat obtenu le 18 juin 1878 par le sieur Ernest-Edmond **Devaux**, marchand de peintures à Bordeaux.
Conditions : 25 % payables par le failli moitié dans un an et moitié dans deux ans.

Du 8 juillet 1878. — Par jug^t, le Trib. a homologué le concordat obtenu le 28 juin 1878 par le s^r Gabriel **Giraud**, négociant, à Caudéran.
Conditions : 5 %, savoir : 4 % comptant par le s^r Oustalet, syndic, et 1 % par le failli dans le délai d'un an.

Du 9 juillet 1878. — Par jug^t, le Trib. a homologué le concordat obtenu le 7 juin 1878 par le s^r Pierre-Charles **Lanusse**, négt, à Caudéran.
Conditions : 13 % payables savoir : 3 % comptant par M. Donis, syndic, et 10 %, par le failli, moitié dans deux ans et moitié dans quatre ans.

Du 16 juillet 1878. — Par jug^t devenu définitif, le Trib. a homologué le concordat obtenu le 25 juin 1878 par le s^r Paul-Raymond **Bousquet**, boulanger, à Bordeaux.
Conditions : abandon des éventualités pouvant résulter d'un procès intenté par le syndic contre le sieur TURPAUD, et obligation par le failli de payer 5 % moitié dans un an et moitié dans deux ans.

Du 1er août 1878. — Par jug^t, le Trib. a homologué le concordat obtenu le 27 juin 1878 par le s^r Jean **Louron**, charron-forgeron, à Bordeaux.
Conditions : 50 % payables par le failli par pactes de 10 % chaque année, dans cinq ans, sous la garantie de l'inscriptⁿ hypothécaire des créanciers.

Du 8 août 1878. — Par jug^t, le Trib. a homologué le concordat obtenu le 5 août 1878 par le s^r Marcelin **Lapeyre**, ancien négociant, à Caudéran, de l'unanimité de ses créanc^{rs}.
Conditions : 100 % sans intérêts, payables comptant par le sieur Dureau, syndic.

Du 10 septembre 1878. — Par jug^t, le Trib. a homologué le concordat obtenu le 5 juil. 1878 par le s^r Pierre **Navarre**, restaurateur à Bordeaux,

Conditions : 10 %. payables savoir : 5 %. comptant par le sr Véron, syndic, et 5 % par le failli dans le délai de six mois.

Du 17 septembre 1878. — Par jugt, le Trib. a homologué le concordat obt. le 19 août 1878 par le sr Auguste **Mazères**, négociant à Bordeaux.

Conditions : 30 %. payables savoir : 19 %. comptant, dont 12 % par le sr Courpon, syndic, et 7 %. par le failli, et le restant aussi par le failli, 5 %. dans trois ans et 6 %. dans quatre ans.

Du 3 octobre 1878. — Par jugt, le Trib. a homologué le concordat obtenu le 27 août 1878 par le sr Antoine **Darthès**, md boucher, à la Tresne.

Conditions : 100 %. payables par le failli, sans intérêts.

Du 4 octobre 1878. — Par jugt, le Trib. a homologué le concordat obtenu le 9 août 1878 par le sr Théophile **Bergeot**, md drapier, à Bordeaux.

Conditions : 30 %. payables savoir : 15 %. comptant par le sr Cosson, syndic, et 15 %. par le failli, par tiers, dans un, deux et trois ans.

Du 15 octobre 1878. — Par jugt, le Trib. a homologué le concordat obtenu le 30 août 1878 par le sr Pierre-Théophile **Redeuil** aîné, md boulanger, à Bordeaux.

Conditions : 15 %. payables comptant par le sieur Véron, syndic.

Du 17 octobre 1878. — Par jugt, le Trib. a homologué le concordat obtenu le 5 septembre 1878 par la dame Louise **Dubrunet**, veuve du sr Jean

Barrot, md de chaussures, à Bordeaux.

Conditions : 16 %. payables savoir : 11 %. comptant par le sr Véron, syndic, et 5 %. par la faillie dans six mois ; ces derniers 5 %. sous le cautionnement solidaire du sieur Octave **Barbière**, négociant, cours des Fossés, 62.

Du 22 octobre 1878. — Par jugt, le Trib. a homologué le concordat obtenu le 16 août 1878 par le sieur Victor **Dumail**, md drapier à Arcachon.

Conditions : 16 %. payables savoir : 6 %. comptant par le sieur Donis, syndic, et 10 %. par le failli, moitié dans un an, sous le cautionnement solidaire, quant aux 10 %. promis par le failli, du sieur Jean-Baptiste **Claverie**, maréchal-ferrant, à Arcachon.

Du 24 octobre 1878. — Par jugt, le Trib. a homologué le concordat obtenu le 12 septembre 1878 par les sieurs Pierre **Vio** et Jean-Baptiste **Vio**, tous deux déménageurs ayant fait le commerce sous la raison : **Vio Frères**.

Conditions : 29 %. payables savoir : 23 %. comptant par le sr Rogerie, syndic, et 6 %. par les faillis, savoir : 3 %. chacun, sans solidarité, dans un an.

Du 11 novembre 1878. — Par jugt, le Trib. a homologué le concordat obtenu le 20 septembre 1878 par les sieurs Jean et Louis **Grenier**, tous deux verriers, à Bordeaux, ayant fait le commerce sous la raison : **Grenier Frères**.

Conditions : 20 %. payables comptant, par le sieur Donis, syndic.

RÉSOLUTIONS

DE CONCORDATS

Ce n'est pas un fort bon moyen
Pour payer, que de n'avoir rien.
La Fontaine.

Du 26 février 1878. — Par jug*, le Trib. a prononcé la résolution du concordat, intervenu le 23 janvier 1872, entre le s*r* Théophile **Redeuil**, marchand boulanger à Bordeaux, et ses créanciers.
M. Duvergier, j.-c.; M. Véron, s. p.

Du 9 mai 1878. — Par jug*, le Trib. a prononcé la résolution du concordat obtenu par le sieur Jules **Lallée**, marchand-mercier à Bordeaux, de ses créanciers, le 16 mars 1877.
M Daney, j.-c.; M. Oustalet, s. p.

Du 3 juin 1878. — Par jug*, le Trib. a prononcé la résolution du concordat obtenu, le 25 septembre 1874, par le sieur Maurice **Kallmann**, marchand de rubans à Bordeaux.
M. Daney, j.-c.; M. Cosson, s. p.

RÉPARTITIONS
DE DIVIDENDES

Aux créanciers vérifiés et affirmés.

Le mal ne vient pas des vérités
qu'on publie, mais des vérités qu'on
déguise.

De Courtes

JANVIER

Cantarel (dame veuve), née
LACOSTE, ancienne mar-
chande à Bordeaux. —30 fr.
766 millimes %, unique répartition, chez M. Courpon,
syndic.

Lamarque (Ulysse), ancien
boulanger à la Souys. —
3 fr. 30 c. %, unique répartition, chez M. Véron, synd.

Sainte-Marie (Antoine), ancien fabricant de liqueurs à
Arcachon. —34 fr. 85 c. %,
unique répartition, chez
M. Véron, syndic.

Tranché (A.) et fils, anciens
négociants à Bordeaux. —
7 %, première répartition,
chez M. Véron, syndic.

FÉVRIER

Bardon (Jules), ancien négociant à Castres. — 4 fr. 50 %,
unique répartition, chez
M. Assier de Montferrier, s.

Jensen (André), négociant à
Bordeaux. — 3 fr. 311 millimes %, unique répartition,
chez M. Courpon, syndic.

Lourde (Raymond), marchand
de meubles à Bordeaux. —
5 fr. 55 c. %, unique répartition, chez M. Donis, synd.

Rasch (Jacob), ancien négoc.
à Bordeaux. — 2 fr. 184 millimes %, unique répartition,
chez M. Courpon, syndic.

MARS

Carrère (Louis), négociant à
Bordeaux. —14 %, première
répartition, chez M. Donis, s.

Coustolle (Théophile), ancien
négociant à Bordeaux. —
1 fr. 043 millim. %, unique

répartition, chez M. Courpon, syndic.

esclide (Jean), ancien négoc¹ à Bordeaux. — 33 fr. 152 millimes %, unique répartition, chez M. Oustalet, syndic.

Tureau (Louis), marchand de lingeries à Bordeaux. — 18 %, unique répartition, chez M. Négrié, syndic.

ujot et Bastardié, limonadiers, à Bordeaux. —

12 fr. 96 c. %, dernière répartition, chez M. Assier de Montferrier, syndic.

Rivière (Joseph), ancien négociant à Podensac. — 8 %, première répartition, chez M. Donis, syndic.

Thévenet (Pierre-Auguste), ancien limonadier à Bordeaux. — 32 fr. 96 %, dernière répartition, chez M. Donis, syndic.

AVRIL

Jaudrie (Louis), ancien négoc¹ à Bordeaux. — 22 fr. 657 millimes %, unique répartition, chez M. Oustalet, syndic.

Guillalmou (Jean) aîné, ancien entrepreneur de menuiserie à Bordeaux. — 30 f. 93 c. %, unique réparto°, chez M. Rogerie, syndic.

Larrieu (Victor) ancien entrepreneur de scierie mécanique à Bordeaux. — 2? %, première répartition, chez M. Négrié.

Patanchon (dame), née BAUDENS, ancienne marchande à la Teste. — 14 fr. 084 millimes %, unique répartition, chez M. Oustalet, syndic.

MAI

Bernard (Justin-Pierre), marchᵈ bimbelotier à Bordeaux. — 23 fr. 20 c. %, unique réparto°. chez M. Véron, syndic.

Bigot (Pierre), ancien négoc¹ à Bordeaux. — 35 fr. 682 millimes pour cent, unique répartit°, chez M. Courpon, s.

Caillau (Jacques) aîné, marchand de bois à Bordeaux. — 19 fr. 411 %, unique répartition, chez M. Dureau, synd.

Fonsèque (Ernest), marchand à Bordeaux. — 1 fr. 33 c. %, unique réparto°, chez M. Cosson, syndic.

Gogat (Bernard), ancien marchand boulanger à Bordeaux, — 15 fr. 26 c. %, unique réparto°, chez M. Donis, s.

Lacoste (J.-Hippolyte), ancien mercᵉʳ à Bordeaux. — 20 fr. 60 c. %, unique réparto°, chez M. Négrié, syndic.

Petit (Henri), ancien marchand bijoutier à Bordeaux. — 2 fr. 389 millimes %, unique répartition, chez M. Rogerie, syndic.

Tailhade (Jean), ancien marchᵈ à Bordeaux. — 7 f. 565 millimes %, unique répartition, chez M. Oustalet, syndic.

JUIN

Castagnary (Victor), ancien négociant à Bordeaux. — 14 fr. %, première répartition, chez M. Assier de Montferrier, syndic.

Chaval (dame veuve) née LARROCHE, ancienne marchande de denrées à Bordeaux. — 11 fr. 132 millimes %, dernière répart⁰ⁿ, chez M. Oustalet, syndic.

Coycaut (Arnaud), ancien ar-

mateur à Bordeaux. — 18 f 85 %, unique répart⁰ⁿ, ch M. Véron, syndic.

Lespy (Honoré), ancien lim nadier à Bordeaux. — 43 % unique répart⁰ⁿ, chez M. Y ron, syndic.

Triquard (Charles), ancie négociant à Bordeaux. 88 fr. 635 millimes %, de nière répart⁰ⁿ, chez M. Cou pon, syndic.

JUILLET

Curoier (Pierre-Alfred), ancien agent de change à Bordeaux. — 1 fr. 460 millimes %, dernière répartition, chez M. Véron, syndic.

Delrieux (Jean-Baptiste), ancien marchand de confections à Bordeaux. — 85 c. %, unique répart⁰ⁿ, chez M. Cosson, syndic.

Fauries (Henri) fils, ancien pharmacien au Bouscat. — 64 fr. 567 millimes %, unique répart⁰ⁿ chez M. Courpon, s.

Ferrand (Jean), ancien marchand de chaussures à Bordeaux. — 18 fr. 62 c. %, unique répart⁰ⁿ, chez M. Oustalet, syndic.

Merle (dame veuve) née HÉBRARD, ancienne marchande

de mercerie à Bordeaux. 88 fr. %, unique répartition chez M. Véron, syndic.

Metge (A.), et Cⁱᵉ, négociant à Bordeaux. — 12 %, pre mière répart⁰ⁿ, chez M. Do nis, syndic.

Mourgues (Jean), ancien sel lier carrossier à Bordeaux — 7 fr. 69 c. %, unique ré partition, chez M. Donis, s.

Peyrouton (Alexis), ancie marchand colporteur à Bor deaux. — 2 fr. 65 c. %, uni que répartition, chez M. Vé ron, syndic.

Roussanne (Gustave), ancien négociant à Bordeaux. — 7 fr. 809 millimes %, dernière répart⁰ⁿ, chez M. Négrié, syndic.

AOUT

Benazet (Joseph), ancien entrepreneur de bâtisses à Bordeaux. — 3 fr. 43 c. %,

unique répart⁰ⁿ, chez M. Donis, syndic.

Fol (Edouard), ancien fabricant d'eaux gazeuses à Bordeaux. — 9 fr. 55 c. %, unique répartition, chez M. Véron, s.

Guérin (Léonce), négociant à Bordeaux. — 16 fr. 40 c. %, unique répartition, chez M. Assier de Montferrier, syndic.

Imbert (Jean-Antoine), ancien négociant à Talence. —

20 fr. 35 c. %, unique répartition, chez M. Négrié, s.

Macheret (Jules), ancien restaurateur à Bordeaux. — 2 fr. 618 millimes %, unique répartition, chez M. Dureau, syndic.

Rebuffé (Emile), ancien peintre à Montferrand. — 8 %, unique répartition, chez M. Négrié, syndic.

SEPTEMBRE

Duclos (Ch.) et Cie, anciens négociants à Bordeaux. —

25 fr. 60 c. %, unique répartition, chez M. Cosson, s.

OCTOBRE

Chanlou (Jean-Louis) négo à Bordeaux. — 0 fr. 42 c. %, dernière répartition, chez M. Donis, syndic.

Cirat (Jean-Léon), ancien marchand tailleur à Bordeaux. —

2 fr. 06 c. % unique répartition, chez M. Donis, syndic.

Fieux frères, anciens négocats à Bordeaux. — 0 fr. 16 %, dernière réparton, chez M. Donis, syndic.

NOVEMBRE

Barreyre (Louis), ancien carrossier à Bordeaux. — 5 %, unique réparton, chez M. Assier de Montferrier, syndic.

Bernardin (Frédéric), ancien négociant à Bordeaux. —

4 fr. 36 c. %, dernière répartition, chez M. Dureau, s.

Lauba, ancien entrepreneur de travaux à Bordeaux. — 5 %, unique répartition, chez M. Négrié, s. p.

DÉCEMBRE

Billoque (Augustin-Francois), ancien fabricant de moutarde à Bordeaux. — 17 fr. 125 millimes %, unique répartition, chez M. Dureau, syndic.

Chatelard (Henri), ancien marchand épicier à Bordeaux. 14 fr. 071 millimes %, unique réparton, chez M. Dureau, s

Du Bouzet (Henri-Charles-Frédéric), ancien négociant à Talence. — 2 fr. 028 millimes %, unique répartition, chez M. Rogerie, syndic.

Ducasse (Gabriel) aîné, ancien ferrailleur à Bordeaux. — 7 %, unique répartition, chez M. Négrié, syndic.

Lafitte (Jean), ancien fabricant de sandales à Bordeaux. — 12 fr. 717 centièmes %, unique répartition, chez M. Courpon, syndic.

Morin (Emile-Victor), ancien marchand de confections à Bordeaux. — 30 fr. 831 millimes %, unique répartition, chez M. Courpon, syndic.

Mousseau (Amédée-Louis) fils, ancien boulanger à Bordeaux. — 4 %, unique répartition, chez M. Négrié, synd.

Philipparie (Jean-Jules), négociant à Bordeaux. — 66 %, dernière répartition, chez M. Donis, syndic.

Romat et Du Bouzet, anciens négociants à Talence. — 20 fr. 75 %, unique répartition, chez M. Rogerie, s.

CONSEILS
JUDICIAIRES

Le débiteur est plus fort que le créancier.   BALZAC.

Du 21 janvier 1878. — D'un jug^t il résulte que le sieur Sébastien **Giraudeau** fils, boulanger, demeurant à la Brède, a été pourvu d'un conseil judiciaire en la personne de M. Jean **Giraudeau**, son père, propriétaire et boulanger, même résidence. (Me Larré, avoué).

Du 8 mai 1878. — D'un arrêt contradictoirement rendu par les première et deuxième Chambres civiles réunies de la Cour d'appel de Douai, il appert que M. Paul-Emile **Hubert**, domicilié à Dunkerque et actuellement commerçant en résidence à Bordeaux, a été pourvu d'un conseil judiciaire et que M. Frédéric **Varlet**, avoué à Boulogne-sur-Mer, a été chargé de cette fonction. (Me A. Poncelet, avoué à Douai.)

INTERDICTIONS

Du 18 avril 1878. — Par jug[t] par défaut le trib. a prononcé l'interdiction du sieur François Ernest **Sellerier**, sans profession, demeurant commune de Bègles, au village du Prêche, chez le sieur LUMARET, son oncle. (Me Peyrelongue, avoué).

Du 30 avril 1878. — D'un jug[t] il appert que le s[r] Dominique-Désir **Peyri**, propriétaire, ayant demeuré à Budos, lieu de la Peyrouse, et actuellement placé à l'Asile des aliénés de Cadillac, a été interdit de l'administration de sa personne et de ses biens. (Me L. David, avoué).

Du 7 mai 1878. — D'un jug[t] il résulte que le sieur Jean **Lescombes**, cultivateur, domicilié à Tresses, canton de Carbon-Blanc, autrefois et actuellement résidant à l'Asile des aliénés de Cadillac, a été interdit de l'administration de sa personne et de ses biens. (Me Bouisson, av.)

Du 9 juillet 1878. — D'un jug[t] il résulte que le sieur Oscar-André **Bouteleux**, chemisier, demeurant et domicilié, rue du Château-Trompette, 4, mais résidant actuellement commune de Bègles, a été interdit de l'administration de sa personne et de ses biens. (Me L. David, avoué.)

RÉPERTOIRE ALPHABÉTIQUE
de la première partie.

TABLE DES MATIÈRES

de la première partie.

Imp. Durand, rue Vital-Carles, 24, Bordeaux.

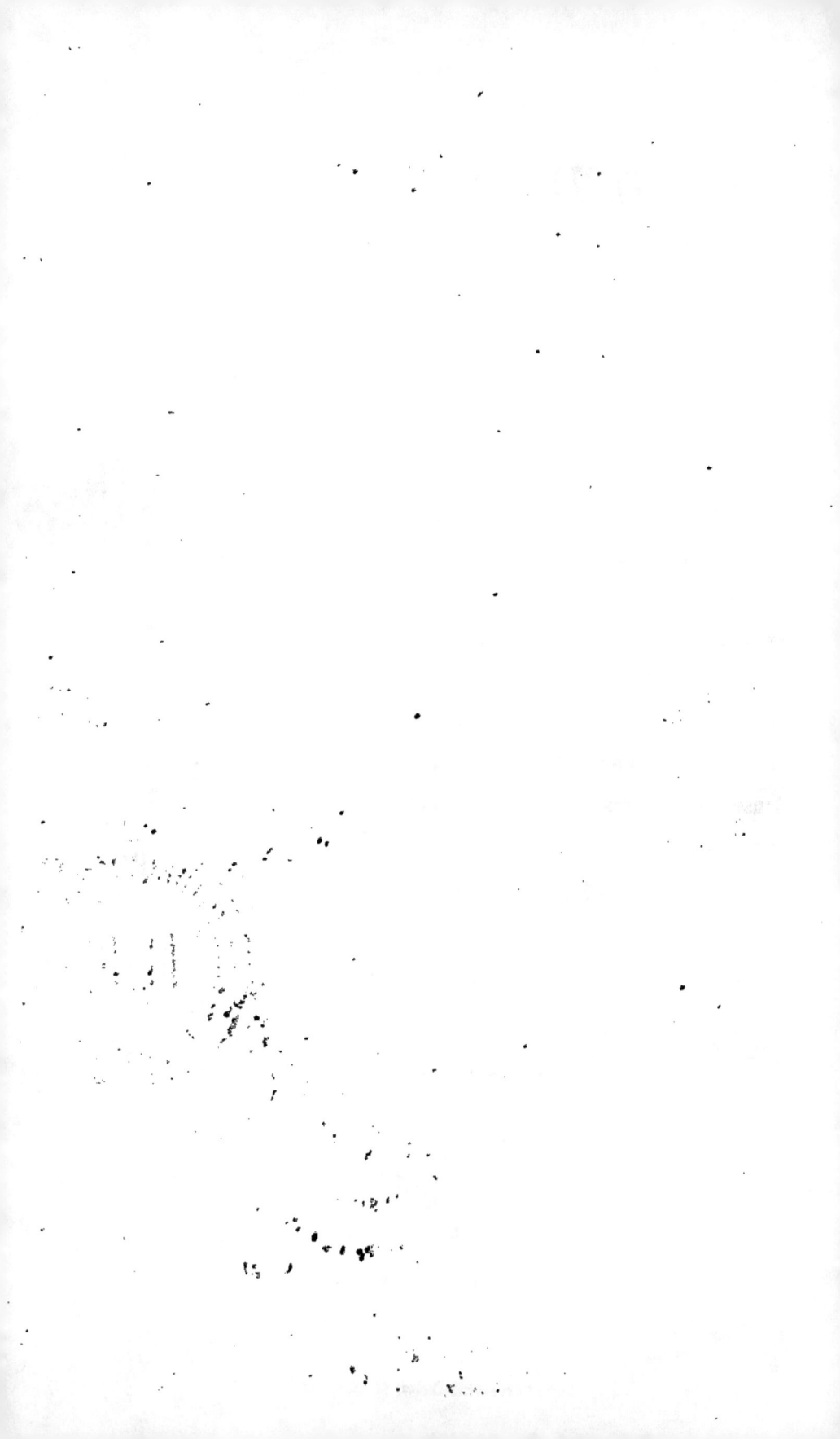

UNION DE LA GIRONDE

COMPTOIR

DE RENSEIGNEMENTS COMMERCIAUX ET DE RECOUVREMENTS

SUR LA FRANCE ET L'ÉTRANGER

Maison fondée le 22 avril 1865.

Directeur : **A.-G. DELISLE**, 66, rue Huguerie, Bordeaux

TARIF NOUVEAU

(annulant le précédent), appliqué depuis le 1er janvier 1879.

RENSEIGNEMENTS ISOLÉS Payables au moment de la demande en timbres de tous pays		SUPP. pour abonnés
France et Algérie..............	2 »	
Alsace-Lorraine..............	2 »	» 60
Suisse......................	3 »	1 »
Belgique....................	3 »	1 »
Danemark...................		
Espagne....................		
Suède et Norwége..........		
États Barbaresques.........		
Égypte.....................	4 »	2 »
Gorée......................		
Principautés danubiennes..		
Turquie....................		
Russie.....................	5 »	3 50
Le reste de l'Europe........	3 »	1 50
Possessions françaises et anglaises en Europe...........	5 »	3 50
Pays d'outre-mer............	8 »	5 »

PAR DÉPÊCHE : *frais en sus.*

France	3 »	1 25
Europe.....................	8 »	4 »

PAR CARNET

Carnet de 10 Bulletins........	**16 fr.**
— 25 —	....	35 —
— 50 —	....	65 —
— 100 —	....	110 —

RECOUVREMENTS LITIGIEUX

Honoraires sur le net produit jusqu'à 500 : 10 %

A partir de 501 : 5 %.

VACATIONS AUX FAILLITES : En sus des frais : 15 fr.

Imp. Durand, rue Vital-Carles, 26, Bordeaux.